Hombres que dicen Aleluya

Hombres que dicen Aleluya

Braulio Ortiz Poole

Maclein *y* Parker

PRIMERA EDICIÓN: mayo 2025

© **DEL TEXTO:** Braulio Ortiz Poole, 2025

© **DE LA EDICIÓN:** Maclein y Parker, 2025
Pasaje Lagunas de Ruidera, 6
41701 Dos Hermanas, Sevilla
www.macleinyparker.com

EDICIÓN Y CORRECCIÓN: Maclein y Parker

DISEÑO COLECCIÓN Y MAQUETACIÓN: Antonio Abad (Maclein y Parker)

IMPRESIÓN: Estilo Estugraf Impresores, S.L.
Impreso en España / *Printed in Spain*

ISBN: 978-84-129077-2-8
DEPÓSITO LEGAL: SE-746-2025

Esta obra ha tenido el apoyo para su creación del Ministerio de Cultura
y Deporte a través de la convocatoria de ayudas a la creación literaria
correspondientes al año 2022.

MINISTERIO
DE CULTURA
Y DEPORTE

DIRECCIÓN GENERAL DEL LIBRO
Y FOMENTO DE LA LECTURA

FSC
www.fsc.org
MIXTO
Papel procedente de
fuentes responsables
FSC® C107210

A los que bailan.
Los contemporáneos, los flamencos, los clásicos.
Y al personal de los teatros, también al de las compañías,
que hacen posible esa liturgia

Era el baile el que limpiaba a las personas
del viento malo. Era el baile el que las
exorcizaba.

MÓNICA OJEDA

Baila. No brilla bajo la bola de espejos: su
corazón arriba es el estroboscopio.

CARMEN CAMACHO

Baila, Natasha, pinta con tu cuerpo,
con tus gestos que anhelan otra historia
ese retrato de mujer en llamas.

IOANA GRUIA

Comienzo

(Se encienden las luces. Una voz en off *recita este poema. Siete bailarines repartidos por el escenario atienden sin moverse. Después, una vez que ha regresado el silencio, rompen a bailar).*

Nos piden que seamos sigilosos,
      que hay familias durmiendo,
pero una flor nos crece por la tráquea
      y no se detendrá.

(No sabemos de plantas,
aunque esta espina en el cuello
      nos sugiere una rosa)

Antes que el granito,
el lenguaje prefiere la botánica.
Por eso
no hemos venido a ajustar cuentas.
Traemos un mensaje:
somos el emisario de una corte extranjera
que visita a la reina
      en época de paz.

Este vocablo,
¿o es un cuerpo celeste?,
no necesita traducción.

Esta palabra es Gracias,
o tal vez Aleluya.
Un salmo que decimos
      al borde de la noche.

Venimos de la tierra
      de los arrebatados
y cantamos
      al amor, al vino, al baile.

Gennaro. Bailarín 1

En qué consiste el tiempo

La sevillana Isabel Vázquez tenía que completar un formulario para el colegio de su hijo, y el campo *Profesión de la madre* le provocó de improviso cierta vacilación. […] Siempre «había tenido muy claro» el oficio al que se había dedicado —no en vano, el suyo es uno de los capítulos más interesantes de la historia de la danza reciente en Andalucía—, pero esa vez se le resistió la respuesta. *¿Bailarina?*, se preguntó entonces, mientras el miedo ganaba terreno en su ánimo: algún día, temió, las limitaciones físicas la obligarían a dejar de bailar.

Artículo publicado el 20 de marzo de 2014
en *Diario de Sevilla* sobre el espectáculo
Hora de cierre, de Isabel Vázquez.

1

(al principio de la representación,
cuando Gennaro se muestra todavía
un tanto errático ante el público)

Soy ese cómico que cuelga del reloj
      pero en esta ocasión nadie se ríe.

(El tipo inspira lástima).

Soy el muerto de barba extravagante
que acapara las bromas
      en una foto antigua.

Ahora sé
qué ocurre si te pica una tarántula,
en qué consiste el tiempo.

De todas las verdades,
se ha impuesto
      la corpórea:
esta carne en tensión
      al borde de la quiebra,
este hueso hermano del cristal.

El dolor es un colono
que avanza en sus conquistas:

el tobillo,
          la espalda,
                    la cadera.

(Bailar queda tan lejos del tutú:
un bosque de tendones y cartílagos,
de uñas que se rompen y heridas que san-
gran,
          la piel con cardenales).

Soy el miembro mayor de esta compañía:
me exhiben como pieza de anticuario.

Ayer mismo era un ángel,
          pero cerré los ojos
y alguien cambió el atrezo
          del patio y el naranjo
a un pesado telón de terciopelo.

Y sólo se oían palabras
          herederas del frío:
osteoporosis,
          diabetes,
          cataratas.

El contrato firmado con la vida
          y su letra minúscula y perversa,

obstrucción o rotura de algún vaso sanguíneo.

Qué pequeño es un hombre
envuelto en un pijama
          esperando un diagnóstico.

Antes,
¿me conocíais?,
yo vestía
la coraza de un general romano
y no esta débil venda que recuerda a las momias.

Ahora ya sé
qué hacer si te muerde un alacrán,
en qué consiste el tiempo.

Me arrodillo
—soy madera que cruje—
          y añoro
la liviandad sagrada
          de los ciervos,
el vuelo de la abeja.

Ahora soy del óxido,
el vecino del miedo y de la noche.
He olvidado los trucos para que no rechine
esta bisagra que tengo en las costillas.

Me levanto
          —clac—
y ya no estoy en la cumbre.
Soy un canto rodado,

un alud,
aquello que desciende,
la manzana madura
que el árbol ya desprecia:
el cómico de manos sudorosas
que se ha soltado y cae por el abismo.

Un pedestal volcado por la rabia,
como todos los viejos.

2

Hay una edad en que abdican los reyes
y los pontífices renuncian a su cargo
y las divas cancelan sus conciertos
          por una lesión en la rodilla.

Allá voy yo,
          a la hora del desguace,
a ese lugar
donde sólo despachan flores secas
y los tornados se quedan sin aliento,
donde un enterrador
          con modos de adivino
          te echa tierra en los ojos.

¿Lo que bailo es una despedida?
¿Es mi canto del cisne?
Mis pies
¿tienen algo del bronce en la campana,
del animal que accede al matadero?

Danzad, danzad, malditos,
          todos tan jóvenes.

Desplegaron la alfombra
a los hijos de Adonis
y expulsaron del templo
a los longevos.

En esta piscina en la que estoy
no entran ya los voraces:
las pirañas
y los tipos con calor
   han pasado de largo.

¿Qué fue
   del respeto a los viejos sacerdotes,
de la ovación a las damas del teatro,
del culto a los poetas
   que hablaban sobre el tiempo?

Aquella fantasía
en la que los mayores eran inmolados
   se hizo realidad:
   ya no existimos.

3

(un solo en el que Gennaro baila al son de
Both Sides Now, *de Joni Mitchell*
en la versión con orquesta del año 2000
—y la voz ya madura de la cantante)

Como los ídolos,
como las buganvillas,
yo también nací para ser contemplado.

Por eso el músculo
y su deseo de ser ola
y no un caparazón para ocultarme.

Yo era costa,
todo el rato era costa
        de muchacho.
Con mi sudor
se formaban las salinas.

Los delfines
—también jóvenes, nerviosos—
se unían a mi baile.

Hasta que un día sonaron las alarmas:
el formulario que dan en el avión.

Quería para mí la hoja de acanto,
pero los hombres no son de lo perenne.
La breve levadura de los días
        me agrietó los talones.

Un bailarín no vive si no es visto.
Su corazón
tan sólo bombea si lo miran.

Hasta que un día sonaron las alarmas:
Debía rellenar el campo Profesión.

¿Qué podré decir en unos años?
¿Hablaré de mi sal petrificada?

La otra tarde corrimos por la sala de ensayos
y yo respiraba como un caballo viejo
        —como un caballo lento—
al que su dueño planea sacrificar.

Desde entonces la música que suena
—una música
que se me ha pegado al paladar
        como una hostia—
es el terco tic-tac de los relojes.

Un bailarín no vive si no es visto.
Su corazón
tan sólo bombea si lo miran.

Miradme pues.
Parece que bailo,
pero tal vez
esté arrojando piedras
al perro enfurecido que me acecha.

El último tango,
el último cuplé.

Yo era un delfín,
yo era una buganvilla.
Y ahora
—marioneta guardada en una caja—,
¿qué soy?

4

El mundo tiene de pronto otra cadencia,
un nuevo alfabeto que no sé descifrar.

De repente
soy un bailarín que pierde el paso,
        un número ajeno a la ecuación,
un soberbio magnolio
camino de la tala,
una nota estridente.

Un cristal ostentoso,
quebradizo,
entre vasos de plástico.

De repente
esta tela de araña que me impide el avance
        y este modo distinto de saberme extranjero.

Un cuchillo
        —el tiempo—
ha atravesado mi laringe
y me hace expresarme en una jerga absurda.

Con mi verbo
—ese hombre solitario
al final de la barra—
desentierro reliquias del fondo del océano

y convoco a fantasmas que ya nadie conoce.

Sólo hablo de héroes que la gente ha olvidado.
Venero a los dioses de antes de Instagram.

Y me lanzan miradas de piedad y desconcierto
como arrojan montones de pescado a las focas.

Soy un viejo profeta
que augura una catástrofe
        que sólo a él le concierne.

5

Un giro brusco de la coreografía
ha lanzado a aquel hombre hasta un rincón.

(No ha sido un accidente,
sino un movimiento calculado,
pero parte del público
          da un respingo igualmente).

El hombre
—nuestro hombre—
ha quedado en el suelo,
en la pose de un césar destronado.

Lleva la noche a cuestas como un paria.
A su derecha ha dejado un sombrero
por si alguien le arroja un gesto de empatía.

Respira como una partitura atraviesa un allegro,
como si estuviera bajando una montaña.

El cabello revuelto le oculta la expresión.
¿Qué encontraremos detrás de esa cortina?
¿El metal o el diamante?
¿El gesto de vergüenza o la soberbia?

Un compañero deja atrás el grupo
y le ofrece una mano
            para que se levante.
No se oye lo que dice,
pero sus labios dibujan una cordillera.

Sin ti no continúo.

Y ese hombre,
que poco antes había tenido hechuras de ceniza,
en el aliento del otro
            se hace carne,
            se hace roca:
se yergue como un cerro,
como un acordeón
            ensancha sus contornos.

Alza en brazos al joven
y es un recién casado
que cruza
            el umbral de su nuevo apartamento.

Ahora sus labios olvidan el temblor
y bailan a su modo
y dicen
            la palabra futuro,
y dicen
            la palabra esperanza.

Es así como el hombre,

un titán con la barba manchada de miel,
descubre que habrá rosas también a su regreso.

6

No es cierta la carcoma:
tengo en mi espalda
      —ahora la veo—
una mochila cargada de flores.

Una fuerza extraña me lo ha revelado:
también hay armonía
en los cuerpos rendidos
—también hay belleza,
por lo tanto, en mi cuerpo—,
igual que en los palacios decadentes.

De algún modo, soy un enviado de Venecia.

¿Fue esta mano extendida
la que me sacó
del fango
      en que estaba nadando?

Ahora tengo una jungla
que se abre si descanso los ojos,
que se llama memoria.

El recuerdo
—la edad,
¿por qué le tuve miedo a ese concepto?
¿por qué el perfil del monstruo?—

es una habitación iluminada,
la stanza della nonna,
un ático con vistas.

El tiempo es quien esculpe
      esa piedra arrogante de los acantilados.

Soy el miembro mayor de esta compañía:
traigo aquí mi prestancia
     y mi conocimiento.

¿Cómo no abracé el ámbar?
¿Por qué tomé estas alas que nacían
      por un bulto deforme?
Lo que creía despojos
era en realidad un yacimiento.

Conmigo bailan
los amigos que perdí,
las parejas que no salieron adelante,
todas las ciudades que habité,
las líneas que los maestros me enseñaron.

¿No lo veis?
Muerdo mi pasado
     y de él sale zumo:
es una naranja cogida del árbol,
son las uvas espléndidas que cuelgan de la parra.

Hay un hilo intangible que me une a la vida.

7

(terminado el espectáculo,
durante los aplausos)

Leí sobre un poeta
que al hacerse mayor
      salió del laberinto.

De todos los estados
que reservaba el mundo
prefería al final
      la claridad.

Decía:
Si la palabra es bella
no necesita más adorno.

Concluyó de este modo
su etapa en la abstracción
como quien cierra persianas y puertas
del chalé en que pasa los veranos.

Desde entonces
el sol asentado de la tarde
se convirtió en el tema de sus versos.

Yo soy ahora
una reencarnación de ese poeta.

Agarro
—mientras hablo—
un pedazo de hielo
perfecto y transparente.

He llegado al destino tras un largo viaje.
Me he sentado a la mesa.

Sería legítima la rabia.
Pegar un puñetazo, gritar:
¿Por qué sentís querencia por el mármol
y desecháis
la carne blanda y dulce de las truchas?

Pero miro a los lados
y encuentro todo en orden.
Auguran que el otoño será cálido.
Los demás me sonríen.
Somos una familia
            y me han proclamado patriarca.

Es posible
que yo deje herederos a mi muerte,
que la luz
vaya a estar encendida un largo tiempo.

El aplauso cae sobre nosotros
            como una lluvia amable.

Mateo. Bailarín 2

Quien no baila está muerto

Si te criabas en Fort Worth, Texas, los domingos tocaba misa. Recuerdo un julio muy caluroso. Mi madrastra no se encontraba bien y se quedó en casa. Íbamos por la autopista y mi padre dijo: «Oye, ponen una de vaqueros a las 11.15. Podemos ir a verla». Pensé: «Madre mía». Mi padre me llevó a ver *Dos hombres y un destino*. Y desde ese día, el cine se convirtió en mi religión.

ETHAN HAWKE,
Las últimas estrellas de Hollywood

1

Una madre agarra a su hijo de la mano.
Así empieza esta historia,
          un sábado cualquiera.

Es un gesto modesto,
          y sin embargo,
la mujer lleva un remo o una hélice
          en un rincón del pecho,
el tesón de un recluso
que escucha el son del mar
          bajo los párpados.

Siempre dispuesta al fuego,
conserva en un bolsillo
la vela derretida de una fiesta reciente.

¿Cuánto hay de fuga
en prolongar la infancia de ese niño?

A veces mueve los pies,
la madre,
y crea geometrías
          felices y efímeras,
es una avioneta escribiendo en el aire,
y dice,
se lo dice a su hijo
para que nunca rompa
el cordón umbilical del entusiasmo:

Quien no baila está muerto.

Entonces vuelve a ser la muchacha
que se hizo una foto colgada con pinzas
imitando la pose de la ropa tendida.

Al hijo le cuenta, para que crezca erguido:
Eres una montaña.
Y el niño se descubre el plumaje de un águila
cubriéndole los hombros.

Entonces vuelve a ser la joven
que pinta un París que no conoce
y en cada pincelada entra a caballo
          por los Campos Elíseos.

Pertenece al linaje de los ilusos,
la madre,
de los que hacen picnics bajo un cielo nublado;

pertenece, la madre,
a la estirpe de idiotas que compran lotería
y creen en el mañana.

Ese sábado será todos los sábados.
Ella, tan creyente,
está instaurando una iglesia para los descreídos,
          un ritual profano donde también hay ángeles.
Unta con el óleo que utiliza en sus cuadros
la frente del chaval.

Al cine y al teatro,
a la casa del hombre,
van a calmar su sed los que apostatan.

Esa tarde,
la madre y el hijo acuden
a una función de El cascanueces.

O quizás
contemplan a Gene Kelly cantar bajo la lluvia:
son los soñadores
quienes dan forma al agua
            en tiempos de sequía.

Y en un momento ella
le susurra a aquel niño,
con la misma lengua que hablan los seísmos,
la ternura que duerme en los volcanes:

¿Por qué estamos aquí,
si no es por la belleza?

Es el legado
de una madre que baila:
consejos para buscar oro
            en el cauce de un río.

O cómo extraer del día
sus metales preciosos.

2

Con este baile invoco a mi madre muerta.
Suenan como una nana mis pies juntándose.
Cantamos una balada por los ausentes.

Sé que me ves ahora.
¿Sigo siendo tu niño?
          ¿Todavía es sábado?
¿Aún guarda agua el pozo de esa dulzura
o acaso las raíces del eucalipto
          se han vuelto astillas,
          se han vuelto leña,
          se han vuelto polvo?

Dime, madre,
¿se enciende el corazón de los que mueren?
¿alguien cuenta películas en ese margen?
¿se divisan paisajes entre lo oscuro?

Bailo por las ferias a las que fuimos.

Tus frases se me enredan en los talones
—como un alga en la playa de la infancia—
          y hacen que vuele,
          y hacen que salte.
Quien no baila está muerto.
Por qué estamos aquí,
          si no es por la belleza.

Esta nana invertida
para una madre,
          una madre muerta,
¿cuál es su danza?

¿el rondó de las brujas dentro del bosque?

Cinco lobitos
y una caperucita desmemoriada.

3

Un hijo suelta la mano de la madre,
desata el nudo.

La adolescencia es el arte del vallado,
de marcar las distancias,
esa cinta amarilla
que aleja a los curiosos
de la escena del crimen.

Es la edad en que los hombres
se tornan islas,
dejan atrás la lava
para ser roca.

El hijo se declara en rebeldía.
El flautista de Hamelin
ha venido a llevárselo
donde las ratas,
donde la música,
donde los cuerpos bailan hasta altas horas.

Y hay algo en la noche
que atraviesa la madre
que también se endurece,
que se llena de insectos.

Las amigas le advierten:

Debes atar en corto a este muchacho.
Sólo bailan los locos y los pervertidos.

Y ella teme a los trenes que descarrilan.

(El juego del ahorcado,
           así se llama
la distracción que escogen
           algunas sobremesas.

A eso se dedican
las familias felices:
           al estrangulamiento).

4

En el cine al que íbamos,
            madre,
han abierto ahora un supermercado.

Nosotros somos ya viejas películas,
celuloide arrasado por un incendio.
            Historias de fantasmas,
figuras anacrónicas
            a la luz de un quinqué,
trajes almidonados.

Dicen que nos aparecemos por los pasillos,
            un niño y una madre,
nuestros rostros silentes y en blanco y negro.

Los espectros tienen
    prohibida la comedia:
la vida sólo imita
            al realismo sucio.

En la báscula dispuesta para la fruta
            podemos pesar nuestra derrota.

Allá donde reímos,
            en nuestro viejo cine,
alguien compra hoy un pan que sabe a plástico.

Ganó la mercancía.
Ganaron los hombres que aman el dinero.

Siempre gana la banca.
No hay espacio aquí para los fantasiosos.

5

Se abrió el mar para ti,
        madre-Quijote,
pero sólo en su parte de desierto.

Nunca echaste migas de pan para la vuelta.

Amiga de Peter y los niños perdidos,
¿por qué el amor a aquello que se hundía?

De todos los colores,
        ¿por qué el luto?

¿Ya habías agotado los finales felices?
Ninguna casa fue de chocolate.

Los hijos de la fábula,
                madre,
        los que bailamos,
¿estamos condenados al destierro?

¿Porvenir es sinónimo de ruina?
¿Todo acaba en naufragio?

¿Marcarán nuestra piel
con un hierro candente,
nuestras puertas
        con sangre de cordero?

¿También era un estigma
      tu legado?

En esa deriva última
         debí haber sido yo
               quien te agarraba.
Pero estaba bailando.

Todo artista que se entrega a su sueño
       también es un traidor.

6

Yo quise huir,
       madre,
también hijo-Quijote,
con el delirio de quienes tienen frío,
con el delirio de quienes tienen fiebre,
igual que un niño mira un mapamundi.

Quise apropiarme el trozo del océano
que un nadador añora en los hoteles.

El hijo pródigo, capítulo primero.
La verdad de los prófugos.

Tuve el valor
de no mirar atrás,
pero era a Sodoma
        adonde iba.

Le puse una mortaja a nuestra historia.

Y sin embargo,
qué nostalgia desprenden
       los que ríen,
qué radiación extraña
       los tipos solitarios.

No hubo noche que yo estuviera enfermo

que tú no quebraras la ley de la distancia
con una caricia a modo de termómetro.

El hijo pródigo viene a escribir,
ahora,
        el último episodio.
El desertor ha vuelto a la ciudad
con dos funciones de su nuevo espectáculo
        y un ramo de lirios para tu tumba.

7

He sentido tu aliento,
        madre,
mientras bailaba,
tu sepulcro vacío.

Se oía entre nosotros un aleteo.
Había entrado en la sala una paloma
        o tal vez un ángel nos visitaba.

Y todo tenía de pronto la luz del trigo.

Ahora lo sé: bailar
es besar con dulzura la frente de los muertos
        y sentir que reviven.

Bailar es dar las gracias a tus antepasados.

Yo te bailo, madre,
en nuestras almas hay una simetría,
y es sábado otra vez en este réquiem,
y hablamos sin que duela,
como si danzáramos un paso a dos alegre.

Y te digo:
Yo no entendía que tú me dieras alas
—las sesiones de cine, las tardes de teatro—
y quisieras cortármelas más tarde.

Y tú te ríes,
porque las palabras de pronto ya no pesan,
las palabras son como una nube,
quizás para que las bailemos de esa forma,
y te encoges de hombros:
Mateo, cada uno es hijo de su época.

No hay nada inflamable en este cielo,
de la misma textura del algodón de azúcar.

Tu fantasma se aleja de mi lado
y reparte entre el público ramitas de romero,
tal vez porque vino a bendecirnos.

Y yo me muevo buscando la belleza,
herir algún corazón más con esta fiebre,
prolongar esta estirpe de hombres deslumbrados
para celebrar la herencia que dejaste.

Y quiero decirte, madre,
        y lo digo bailándolo,
que yo también, a mi modo,
        me he sentado a un lado de tu Dios
y he conocido lo que vosotros llamáis gloria,
y fue porque tú me abriste aquella puerta.

Yo creo en el arte como tú creías en Cristo:
nuestros corazones
estuvieron saciados igualmente.
¿Acaso bailar no es decir *Aleluya*?

Qué ligero este cuerpo sin rencor
—gracias por la visita, madre—,
este fuego que todo lo comprende.
El amor ha ganado,
como en la ópera aquella a la que fuimos.

    Cierro los ojos
y esperamos en la cola de un cine
—en el suelo dejamos
    un charco de helado derretido—
    o quizás de un teatro o un museo,
y nuestra historia tiene que empezar,
y oigo tu voz pidiendo dos entradas.

Théo. Bailarín 3

Los círculos concéntricos

…entonces cayó en la cuenta
de que también él
podía convertirse en un cisne

pero

¿estaba el mundo preparado para entenderlo?

ÁLVARO PRADOS

1

De pequeño
tenía un pesar idéntico al de los asesinos,
la hondonada en el pecho de los hombres
      que se han sentido solos.

La infancia,
para otros un vergel,
en mí fue un páramo.

De todos los recuerdos
me vuelve
esa risa cruel que me arrojaban
      como un escupitajo.

Théo el tar-
           ta-ta-
                mu-do

Niños soldado
en un país sin guerra
disparan
su munición de odio al diferente.

Yo tampoco comprendo
el caudal de mi lengua
      y este dique.
Esa voz discontinua

como una sirena de ambulancia.

Las cosas sólo son si alguien las dice.
La realidad exige su nombre en una placa.

Un día probé a bailar
          y ahí me esperaban
la madera pulida del lutier,
el rezo de los santos.

Dejaba de ser isla,
alzaba un puente:

ese friso
que trazaba en el aire
me sirvió de alfabeto.

2

(en el minuto 22 de función,
una escena de grupo en que Théo
sonríe mientras baila)

Qué alegría moverse
al compás de los otros,
círculos concéntricos
en el lago de un parque.

Junto a ellos
me desato la piedra del tobillo
llamada identidad:

soy de todas las partes
y me llamo
de todas las maneras,
y estoy acompañado
de aquellos
que se creyeron solos,

los raros,
los que un día fuimos señalados,
formamos hoy un corro donde todo es preciso.

Somos de lo que nace.
No nos define

la marca de una rueda sobre el césped
sino la hierba que crece tras aquello.

Venimos a dar leche,
        a servir vino,
a buscar
la palabra que brille como el fósforo,

el fuego que se prende al saber de un amigo,

y apreciamos un trozo de pan blanco,

venimos a celebrar Acción de Gracias,
        a decir *Aleluya*,

y sacamos un trébol de nuestras chaquetas
—un ejemplar fabuloso,
sólo podía ser de cuatro hojas—
y afirmamos:
La rareza es augurio de fortuna.

Cantamos como hooligans
        o como monaguillos

porque no dejaremos que nadie nos condene,
porque ya nos hemos salvado entre nosotros.

La música de Bach nos acompaña.
El mismo Johann Sebastian ha salido del público
        —su ostentosa peluca delata

que es el compositor de algunas piezas—
y ha comenzado a dirigirnos.

3

Ay, hombre que danzas,
¿acaso hay un vocablo
para este último giro,
un signo para el vértigo?

Tres sílabas no son suficientes
      para todo un verano.

Ay, hombre que amas,
¿acaso existe un término
que te incendie la boca?

La primavera nunca se ciñó
      a las reglas del juego.

Pero este baile,
      el baile es infinito:
esconde la fiereza de un jaguar,
      la gracia de una orquídea,
y de todo deja,
como un notario o un espejo fiel,
      su pura geometría.

4

Los anuncios te insisten:
Hazlo por ti mismo,
sitúate el primero en la carrera,
consigue la victoria.

(No importa si haces trampa,
con tal de no coincidir con el fracaso,
ese anciano de dientes amarillos
        que se ha orinado encima).

Los hombres que gobiernan la ciudad
han levantado un imponente rascacielos
        con la forma de un falo.

También así diseñan la política:
esa vieja costumbre de salir a cazar,
        ese laurel salpicado de sangre
que corona la sien del vencedor.

Les gusta contar que nacieron de una espora
y que el directivo de un banco asistió el parto.
Se explican sin calor ni pegamento:
autodidacta,
        lobo solitario

(aunque a veces la tinta se equivoque
y las noticias digan otra cosa:

narcotráfico,
          blanqueo de capitales).

El recelo,
desconfiar del otro
—armarse hasta los dientes,
encañonar el rifle
si un desconocido se aproxima—
siempre fue una virtud
          en esta tierra.

Aquí los ladrones despiertan simpatía.

Ya se sabe:
hay que abastecerse de relojes lujosos
por si una plaga se cierne sobre el mundo.

¿Acaso importa el amor frente al titanio?
          ¿La lealtad frente al oro?

Estos hombres
no montaron el trineo de Orson Welles:
sabrían entonces que la derrota verdadera
es comprobar que te has quedado solo.

5

(minuto 37)

coreógrafo, fa
Del gr. χορεία choreía 'danza en coro' y -grafo.

Extiendo mi mano hasta Gennaro.

Es un hombre que cuelga de un alféizar,
          como en tantas películas,
                    que ha caído de un barco,
y con mi gesto lo devuelvo a tierra.

En eso consiste el baile
          exactamente:
en salvarnos los unos a los otros,
          también al auditorio.

Aquí, al teatro,
vinimos los hombres que no teníamos casa,
mendigos en espíritu,
          los heridos por bala y por hastío.

Yo era una pieza de cerámica rota
y ellos me dibujaron
          una cicatriz con plata líquida.
Yo

—un galgo apaleado—
arrastraba el cadáver de mi desconfianza
pero me sirvieron un tazón de sopa
        y dijeron:
Esta noche hace frío.
Aquí puedes quedarte.

Cada uno de ellos
me enseñó
cómo suena *vecino*
        en su lengua materna.

Y comencé a tejer entonces una manta
para el próximo extraño que llegara.

Me gustaría mostrarles
a aquellos que me hirieron
        esta colmena que hemos levantado,
la miel fabulosa que alberga este panal.

Querría enseñarles
con qué emoción formamos este bosque
        y respiramos todos al unísono.

Esta danza.

De todo el diccionario,
        de la vida,
no hay nada más bello
        que la palabra *hermano*.

6

(en memoria de todos aquellos
que bailaron de forma clandestina)

No hay baile que suponga
       un agravio a los dioses,
aunque vean en él la garra del demonio,
la policía quiera dispersarnos,
         cerrar nuestro local.

Le hemos hablado al juez de nuestra estirpe:

Jezabel con su vestido de ese rojo inflamado,
y ella entrando al salón como una llamarada,

y los esclavos que reciben al son de tambores
        al bebé que ha nacido
y despiden al anciano que muere
        moviendo las caderas,

y los cuarenta y uno que fueron arrestados,
apenas empezado el siglo XX en México
y la prensa que hablaba de sus elegantísimos trajes
                    [de señora,
de sus pelucas y aretes y sus pechos postizos,

y los bohemios del Berlín de entreguerras
y las americanas que amaban el foxtrot
y todos los motines que fueron una danza,

los indígenas que alcanzaban el éxtasis
          contra el dios invasor,

y las mujeres exhaustas de las faenas del campo
que anhelaban la fiesta e inventaron así la bulería

y los trabajadores precarios o explotados
que conquistan la paz en una *rave*

y las transexuales, las drags y las lesbianas,
y los chicos delatados por su pluma,
          esa madrugada del 28 de junio

y esa chica de Irán que se graba bailando
          y es detenida hoy por su osadía.

Le hemos hablado al juez de nuestra causa,
          de esa larga familia.
Le hemos pedido
que no nos lleve otra vez al calabozo.
Y le hemos preguntado
de qué otra manera se apagan estas brasas
          que nos queman el ánimo.

Mientras,
alguien escribió en una pared

del aseo de caballeros del juzgado:

#DancingIsNotACrime.
#BailarNoEsUnDelito.

7

Bailamos en las bodas
por los novios que lo apuestan todo al rojo.

Porque así es como acaban
        las comedias felices:
con una ceremonia, y los invitados
        que se unen en un corro.

Por el amor tranquilo que es ancla y llega a tierra
                        tras una travesía,
también por la memoria de los muertos,
        porque así están presentes,
                        bailamos.

Bailamos esa canción del *Hallelujah*.

Bailamos otras noches
por el animal hambriento que pierde su collar,
        —el deseo—
por la planta carnívora
que nos brota en el vientre.

Por los campos magnéticos

—contagiosa energía—
de los cuerpos que sudan,
        de los cuerpos felices,
                bailamos.

Inesperadamente,
a nuestros hombros ha llegado un mirlo:
        hay sosiego en el éxtasis.

Bailamos una canción que dice: *Let's dance*.

Bailamos
también frente al espejo,
        buscándonos,
porque así nos escribimos una carta
        que de otra forma no nos enviaríamos,
así nos redimimos.

Y en esa intimidad
ruge un leopardo.

Bailamos
—como ninfas,
la cabeza adornada de flores—
porque nos hemos encontrado en el camino,
y al fin estamos juntos en la amistad y la fiesta.

Bailamos esa canción llamada *Gloria*.

Bailamos

por todo lo que es noble y es hermoso,
por todo lo que importa.

Bailamos
para celebrar que nos queremos,
bailamos
para recordar que estamos vivos.

Enrique. Un espectador

Siete hombres que bailan

Una bacante extasiada en una orgía hereje
[…]
Ahora sí creo en Dios.

MARKEL HERNÁNDEZ

Esos hombres
están ahí
bailando
y es como si fueran pájaros o árboles
como si cuando alzan los brazos dijeran *Aleluya*

un ritual de cueva e intemperie
que habla de lo que somos

los contemplo

ya no hay dolor entonces
sino un río
un rumor de belleza y aire limpio

lo que forman los cuerpos al moverse

esos hombres
           (o pájaros o árboles)
me han untado en los párpados
con su mano templada
           arcilla o purpurina

me han dejado una ortiga entre las piernas

siguen a unos metros pero están a mi lado

y su baile
también es un seísmo
porque de la belleza nadie sale ileso

o es una cirugía
porque bailan sobre un charco de sangre
y de alguna manera están sanando

han venido a decirme
también es pan de oro
la manta que cubre los cadáveres

o quizá estén bailando sobre helado
inventando otros modos de prolongar la infancia

me han hecho sentir que dejaba mi asiento
que yo mecía los pies o agitaba unas alas
niño con un balón
mariposa o libélula o avispa

¿cuándo empezó el prodigio?
¿de dónde este arrebato que me invade?

Están ahí
bailando
y se ha rasgado la cúpula del templo
y se ha volcado una bolsa de monedas
ya no somos codicia

ahora somos la luz que alguien ha encendido

ese foco que ilumina al muchacho más joven
        o al bailarín maduro

ya no somos lo denso y lo sombrío

estamos levantando catedrales
o sembrando cerezos

tenemos las manos llenas de pintura
        del color con que París sale en las fotos

y una voz que nos dice

(porque la danza no es cuerpo
sino pensamiento)

sí

estamos a salvo

ha valido la pena
este viaje

los hombres somos una especie digna

sólo hay que observar el torso de ese joven

más que deseo
lo que inspira
es la firme emoción de los paisajes

qué arquitectura tan perfecta
qué animal vulnerable su pecho que respira

ese hombre
que es fiero y delicado
es el minotauro en la isla de Creta
es un ramo de lirios que alguien ha reunido
          y atado con un lazo

tal vez para dejar en una tumba

y todo sigue con un fundido a blanco

ya no existen los meses

somos el público en un teatro griego
el público de un teatro isabelino

somos de todos los siglos y todos los paisajes

la línea del tiempo se ha quebrado
una madre y un hijo vuelven a ser niños
y también se ha quebrado la noción del espacio

un hombre levanta a otro del suelo
le dice
Sin ti no continúo

(sí
estamos a salvo

ha valido la pena)

somos bellos y eternos de repente
también en el patio de butacas

somos santos en trance
o un bosque de secuoyas

ciertamente sublimes
erguidos
entusiastas

como deberíamos atravesar la vida
como lo hacen los ciervos

¿en qué momento fue la metamorfosis?

¿qué fue de todo aquello
que había al otro lado?

se ha derramado la botella de leche
y de nuevo somos inocentes

y es porque esos hombres nos han bendecido
nos han dicho
Levántese y anden
y entonces supimos que habíamos estado muertos
y entonces supimos
simplemente

nos referimos a otro conocimiento

lo que observa un derviche mientras gira
lo que saben los trenes que salen de los túneles

esa mujer que dice
por qué estamos aquí
si no es por la belleza

esos hombres en realidad no bailaban
partían en pedazos una torta de aceite
        giraban y giraban
de un modo que nos saciaba el hambre
saltaban
        como los juncos o como las espigas
tenían en su ímpetu algo de cascada
algo de mar instalado en el gesto

y tú lo entendiste en ese mismo instante
de siempre
los hombres y mujeres
han bailado
en busca de los dioses

hay un perfume a madera y a whisky
que recorre la sala

un perfume de ofrenda

esos hombres

tienen los muslos manchados de tinta
porque con ellos escriben poesía

a uno de ellos
le ha crecido una flor entre la barba

y otro es un soldado que atraviesa los campos
con temor a morir
y los brazos abiertos para abrazar a alguien

así que era posible
encender una llama que flotara en el agua

que alumbrara la noche del agnóstico

siete hombres que bailan
es esa la medida del milagro
siete hombres que corren a un lado y a otro

hombres con las crines de un caballo
que emulan al viento cruzando las esquinas
que prenden en un soplo el fuego olímpico

¿son hombres o son dioses?
¿son jóvenes o eternos?

nosotros
el público
olvidamos cuáles eran nuestros nombres
no sabemos tampoco la fecha en que nacimos

y es una amnesia dulce
como de miel y hojaldre
una ráfaga de aire que viene de la playa

la desmemoria amable con forma de arabesco

hay un hombre que pasea con su madre
y otro que siente de repente que es sabio
y otro que nunca más estará solo
un hombre que ha inventado un alfabeto

esos hombres
¿también perdieron a su dios de la infancia?
¿también vinieron cansados hasta aquí?

están bailando por los que se casan
y por los que buscan calor para esta noche

bailan por los locos y por los inocentes

(están bailando entonces por nosotros)

en su coreografía despliegan
            el pasado del hombre

lanzan flechas o tallan la madera
se pintan a sí mismos en un muro
            construyen una casa
se aman y pelean y recogen el trigo
y hacen un pan que llevan a la mesa

es un ciclo
la rueda de la vida
que ha llegado a nosotros
como una pelota
que alguien ha lanzado
esperando tal vez que nos sumemos

no está vacío el cesto que nos trae la corriente
un cachorro de león o quizás de amapola
porque todo es ahora exuberancia

¿quién se niega a este hechizo?

y le susurro
al espectador que ha venido conmigo

si muriese mañana
recordadme extasiado
por toda esta belleza

A mí me gustaría en la actualidad llegar a bailar de una manera irracional, es decir, al revés o, lo que es lo mismo, dejando libre la imaginación sin el control de la inteligencia. […] Por eso en esta nueva etapa de mi vida me gustaría bailar como un auténtico inconsciente, frente a una orquesta que hubiese perdido las partituras y cada músico tocase lo que se le ocurriese, ¡y mejor aún si ni siquiera supieran música!

VICENTE ESCUDERO

Índice

Es como si desapareciera.
Es como si todo mi cuerpo cambiase.

BILLY ELLIOT

Mayo | 2025 | Sevilla

ISBN 978-84-129077-2-8